SOPA DE LIBROS

Santiago
Gomez

Profesor
Lurdes

5º A2

© Del texto: José Zafra, 1998
© De las ilustraciones: Emilio Urberuaga, 1998
© De esta edición: Grupo Anaya, S.A., 1998
Juan Ignacio Luca de Tena, 15. 28027 Madrid
www.anayainfantilyjuvenil.com
e-mail: anayainfantilyjuvenil@anaya.es

1.ª ed., octubre 1998
13.ª impr., enero 2008

Diseño: Manuel Estrada

ISBN: 978-84-207-8988-0
Depósito legal: M. 2.588/2008
Impreso en Gráficas Muriel, S.A.

Buigas, s/n. Polígono Industrial El Rosón
28903 Getafe (Madrid)
Impreso en España - Printed in Spain

El Palacio de Papel

SOPA DE LIBROS

José Zafra

El Palacio de Papel

Ilustraciones
de Emilio Urberuaga

ANAYA

EX-LIBRIS

19 98

VENTURIS

1

Los ratones le llamaban el *Palacio de* *Papel,* pero sólo era un cuartucho sucio y destartalado.

El resto del caserón no ofrecía mejor aspecto: grandes habitaciones deshabitadas, donde el polvo lo cubría todo. Algunas tejas rotas dejaban paso a la lluvia, y por eso la cal de los techos se había puesto negra en algunos rincones, verde o azulada en otros. En invierno, frías corrientes de aire entraban a través de pequeñas rendijas abiertas en las paredes. A veces, la madera de algún mueble gemía, para callarse un instante después.

¡Y, sin embargo, la vida hervía allí dentro! No vida humana, ciertamente.

Eran *otros* seres los que respiraban entre la oscuridad; seres invisibles a primera vista, pero tan llenos de vida como puedas estarlo tú.

Eran arañas equilibristas, moviéndose de un extremo a otro de sus hilos pegajosos; eran carcomas voraces, furiosas prisioneras de vigas y armarios; eran hormigas, chinches, polillas, y muchos otros insectos diminutos que mordían, chupaban, roían ..., o bien eran mordidos, chupados o roídos por otros insectos mayores que ellos.

Y, claro, estaban también los ratones.

2

Una familia de ratones se había insta- lado allí.

No en toda la vivienda, sino sólo en ese pequeño cuarto que ellos llamaban el *Palacio de Papel*, y que rebosaba de libros por todas partes. Sus muros estaban cubiertos de estanterías que llegaban hasta el techo, y varias estanterías más cruzaban la habitación de una punta a otra. En cada estante cabían dos o incluso tres hileras de libros bien apretados. En un rincón dormitaba un piano muy viejo, sepultado entre papeles.

La familia de ratones la formaban Pablo y Hermes, los padres, y Víctor e Idolina, los hijos; también vivía con ellos Ro-

sendo, el hermano de Hermes. Se lleva-
ban muy bien unos con otros, y todos parecían muy contentos del tipo de existen-
cia que les había tocado en suerte vivir.

Y es que la vida de los ratones de biblioteca es como un milagro: alimentan
sus inteligencias con la misma sustancia
con la que llenan sus estómagos, el papel, lo que hace que el estudio no repre-
sente para ellos ningún esfuerzo. Comen
lo que leen y leen lo que comen. Es como
si el pesado libro que sostiene un niño

entre sus manos estuviese hecho de cho-
colate y, después de estudiar cuidadosamente lo que dice, se lo fuese comiendo
página tras página.

Así vivían ellos, cada día más gordos y
cada día más sabios. Nada de lo que su-
cediera al otro lado de esas cuatro paredes parecía importarles un comino. Habían sustituido los cardos espinosos del
campo por las suaves rosas de los libros;
las frías sacudidas del viento, por el roce
tibio de las páginas. En vez de alzar los
ojos hacia la noche y su confuso laberinto de estrellas, repasaban cuidadosamente sus mapas celestes, en los que ni un
solo astro aparecía fuera de lugar.

3

Un día llegó al *Palacio de Papel* un ratón de campo.

Era una helada tarde de invierno. Algunos nubarrones aguantaban desde hacía horas las ganas de llover. El viento soplaba a través de las grietas del caserón, que sonaba por dentro igual que una flauta. En el *Palacio*, los ratones roían y estudiaban, roían y estudiaban... De vez en cuando, alguno de ellos se detenía un instante para charlar.

—¿Te has dado cuenta de que no hay ningún círculo perfecto fuera de los libros? —preguntó Pablo mientras mordisqueaba un libro de matemáticas.

—¿Cómo? —dijo Rosendo.

—Digo que por mucho que nos empeñemos, nunca encontraremos un círculo completamente redondo fuera de los libros. Todos los círculos que vemos en la realidad están *algo* apepinados, ninguno de ellos es redondo redondo.

—¿Y eso qué importa? —preguntó Rosendo.

—Todavía no lo sé —respondió Pablo pensativo—; tendré que averiguarlo.

En ese momento sonaron unos ruidos en la habitación de al lado, al tiempo que un olor extraño y muy intenso se filtraba por debajo de la puerta. Los ratones dejaron en seguida de roer, y levantaron sus naricillas mientras husmeaban a su alrededor.

—¿Oléis vosotros lo que huelo yo? —preguntó Pablo.

—No sé lo que hueles tú, pero lo que yo huelo es algo *muy raro* —respondió Rosendo.

—Nunca en mi vida había olido algo así —dijo Hermes.

—Pues habrá que estar alerta —advir-

tió Pablo—; ¿dónde están los pequeños? ¡Rápido, corramos al refugio!

Víctor e Idolina dejaron a un lado sus libros y acudieron a toda prisa a la llamada de su padre. Luego se abalanzaron todos juntos sobre la enciclopedia, entre cuyas páginas había construido Pablo su refugio. Hasta entonces nunca habían tenido necesidad de recurrir a él, pues era la primera vez que un olor distinto al de los libros penetraba en el *Palacio de Papel*.

La enciclopedia, de más de cien volúmenes, medía casi cuatro metros, y se extendía a lo largo de varios estantes. Los ratones habían cavado docenas de túneles en su interior, de modo que, saltando de unos a otros, podían trasladarse fácilmente desde la «A» hasta la «Z». Las galerías no corrían todas en línea recta, sino que describían a su paso multitud de curvas y recovecos. Así, la palabra **Alimaña** había sido dejada a un lado, desviándose el túnel por la palabra **Alimento,** entre cuyas sabrosas letras se ensanchaba un poco; otros vocablos en donde los ratones se habían negado a cavar eran: **Felino, Fuego, Gato, Hambre, Milano,** y así muchos más, hasta llegar a la palabra **Zorro,** una de las más peligrosas (el túnel se desviaba luego por **Zorzal** y **Zozobra** hasta llegar a **Zutano,** donde terminaba bruscamente).

—¡Rápido, al refugio! —gritó Pablo de nuevo.

Pablo había construido su refugio en la palabra **Cueva,** una cavidad oscura y silenciosa donde se sentía a salvo de cualquier peligro. Allí entraron todos ahora, temblando todavía. Una luz pálida parecía desprenderse de algunas de las rocas más altas, iluminando con su tenue resplandor aquel misterioso bosque de estalactitas y estalagmitas; a lo lejos, se escuchaba el sonido tranquilizador de un manantial subterráneo.

—¡Qué bonito es todo esto! —exclamó Idolina, olvidándose por un momento de las extrañas circunstancias que les habían empujado hasta allí.

—¡Es precioso! —confirmó Víctor mientras se acercaba a la boca de una galería.

—Sí que lo es —respondió Pablo—; y también es un lugar perfecto para que dos pequeños ratones entrometidos se pierdan para siempre. ¡No es momento éste para juegos! Escondeos con vuestra madre debajo de aquel saliente. El tío Rosendo y yo saldremos afuera a explorar.

—¿Afuera? —intentó protestar Rosendo.

Pero la mirada de Pablo no admitía réplicas. ¡Tendría que salir afuera a explorar!

4

Abandonaron la **Cueva** por el túnel que pasaba a través de **Cuidado,** donde se detuvieron un instante para tomar aliento.

—¿Qué podrá ser ese olor? —preguntó Rosendo.

—No lo sé —respondió Pablo—; pero tendremos que ir con mucho cuidado. Tal vez proceda de alguna alimaña.

Desde **Cuidado** partían dos túneles más: uno que llegaba hasta **Cultivo,** y que dejaba a un lado **Cuervo** y **Culebra,** y otro que subía derecho hacia el exterior, atravesando limpiamente el lomo del libro. Tomaron este último, y en un segundo se encontraban ya afuera.

—Pues sigue oliendo igual que antes —susurró Pablo.

—Es verdad —confirmó Rosendo.

Avanzaron con cautela por encima de la enciclopedia. El *Palacio* permanecía a oscuras, pero sus ojos miopes estaban ya acostumbrados a la falta de luz. Aquel extraño olor les llegaba a oleadas, unas veces más profundas y otras más débiles. Se sentían tan tensos como si sus blandos huesecillos se hubiesen vuelto de madera. Hasta entonces los únicos peligros que Pablo y Rosendo habían conocido eran los que les sobresaltaban en los cuentos que leían, o bien los procedentes de algún problema de matemáticas sin resolver, que alzaba sus signos de interrogación como ganchos amenazantes. Durante todos aquellos años nunca había entrado nadie en el *Palacio de Papel.*

De pronto sonó cerca un DO, seguido rápidamente de un RE bastante desafinado. Luego se produjo un breve silencio. Y después vinieron un MI, un MI bemol y un grito:

—¡Ayyyyyyyy!

Pablo y Rosendo estuvieron a punto de huir por la primera entrada que vieron en la enciclopedia (justamente la que conducía a la palabra **Queso**), pero aquel grito sonaba de veras *muy* desesperado.

—¿Quién será? —murmuró Rosendo.

—No tengo ni idea —respondió Pablo.

Recorrieron una estantería tras otra hasta que llegaron al fin cerca del piano, cuyo MI bemol no paraba de sonar.

—¿Quién anda ahí? —gritó Pablo.

—¡Socorrooooo! —respondió una voz medio apagada.

Pablo saltó sobre la cubierta del piano, que estaba rota por arriba, y se asomó hacia dentro. Un pequeño ratón de campo se había agarrado a una de las cuerdas, la del MI bemol, y se negaba a soltarla. Estaba claro que el olor que tanto les asustó procedía de aquella criatura en apuros.

—¿Qué haces ahí? —preguntó Pablo.

—¡Ayúdame, por favor! —gritó el ratón—; ¡aquí abajo hay un barranco oscurísimo, y estoy a punto de caer en él!

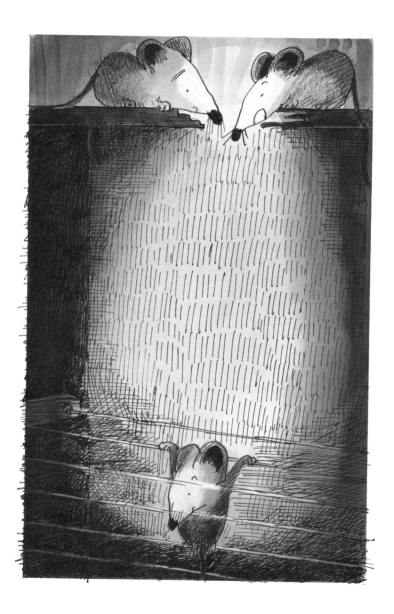

—¡No hay ningún barranco! —explicó Pablo—; tus pies cuelgan a dos o tres centímetros de la base del piano. Basta con que te sueltes para que puedas posarte suavemente sobre ella. Luego subirás hasta aquí sin ninguna dificultad, agarrándote al armazón.

—¿De veras? —preguntó el extraño, un poco avergonzado.

—Así es —aseguró Pablo.

El ratón hizo lo que Pablo le había dicho, y en seguida se reunió con él y con Rosendo, que para entonces se había acercado también hasta el piano.

—Me llamo Justino —dijo.

—Nosotros somos Rosendo y Pablo —respondió Pablo—; por cierto, ¿podrías decirnos cómo has logrado llegar hasta aquí?

—Afuera hace un frío de muerte —dijo—; entré al caserón por una rendija abierta en la pared, y a este cuarto por debajo de la puerta, que cerca del suelo está medio podrida: sólo he tenido que empujarle un poco para que cediera. —Justino miró la habitación oscura, donde los libros destacaban entre las sombras como monstruos horripilantes; luego preguntó, con un escalofrío—: ¿Vivís solos aquí?

—¡Oh, no! —respondió Pablo—; vivimos con nuestra familia. ¡Por cierto, que andarán todos muy preocupados! ¡Vayamos rápidamente al refugio! ¿Nos acompañas, Justino?

—De acuerdo —dijo el recién llegado.

Y se dirigieron a toda prisa hacia la enciclopedia.

5

Entraron por **Croce (Benedetto):** un señor gordo y muy serio que escribía algo sobre un papel. Allí se abría un túnel que pasaba por **Cuento** y desembocaba finalmente en **Cueva,** donde no vieron a nadie.

—¿Dónde se habrán metido? —preguntó Pablo preocupado.

—¡Hermes! —gritó Rosendo—; ¡Víctor! ¡Idolina!

La cueva estaba completamente vacía, ni siquiera el eco les devolvía las huellas borrosas de sus voces.

—¿Se han perdido? —preguntó Justino.

—Creo que sí —respondió Pablo—; y lo malo es que también nosotros podemos perdernos, si nos lanzamos ahora en su busca. Nunca he pasado más allá de aquella bóveda.

El silencio entre frase y frase era espeluznante. Justino miraba de un lado para otro, maravillado por todo lo que veía, pues era la primera vez que entraba en una cueva.

—Sin embargo, habrá que hacer algo —prosiguió Pablo—. Rosendo, quédate tú en la entrada por si acaso se les ocurre volver por otro pasillo. Justino podría acompañarme por aquella galería, si no tiene inconveniente.

—¡Cuando quieras! —respondió Justino.

Llegaron a la gran bóveda, suavemente iluminada, y entraron en lo que parecía ser la galería principal. No se veía absolutamente nada allí dentro. Pablo iba delante:

—Ve tocando todo el tiempo la pared con la mano —le advirtió a Justino—; si te desvías hacia el centro del pasillo, tal vez caigas en algún pozo, y entonces no podría hacer nada por ti.

—De acuerdo —respondió Justino un poco asustado.

La galería subía y bajaba, se retorcía en curvas cada vez más estrechas, pasaba por encima de pequeños canales o se detenía bruscamente contra una pared rocosa. En estas ocasiones, Pablo tenía que buscar a tientas alguna grieta por la que seguir avanzando. Hacía tiempo que ninguno de los dos pronunciaba una palabra, pero ambos pensaban para sus adentros que también ellos se habían perdido.

De pronto, el pasillo pareció abrirse un poco y la pálida luz de un pequeño ensanche brilló a lo lejos. Alguien se movía allí al fondo.

—¡Es Idolina! —gritó Pablo.

Corrió hasta ella y se abrazaron.

—¿Dónde están los demás? —preguntó Pablo, medio ahogado aún por la carrera.

—No lo sé —respondió Idolina—. Estábamos todos juntos, pero de pronto mamá y Víctor desaparecieron. No sé dónde pueden haber ido.

En ese momento Idolina reparó en Justino, el cual había permanecido hasta entonces oculto en un rincón.

—Es Justino —dijo Pablo—; ha venido para ayudarnos.

—Hola —dijo Idolina en voz muy baja.

Justino ni siquiera pudo responder. A pesar de lo desesperado de la situación, la dulce mirada de Idolina le había dejado sin habla.

—¿Dónde estaban mamá y Víctor cuando desaparecieron? —preguntó Pablo.

—Allí —respondió la ratoncita señalando un reborde rocoso que sobresalía de una de las paredes.

Pablo y Justino se acercaron hasta donde Idolina había indicado, y se pusieron a registrar por los alrededores. De pronto, Justino distinguió un resplandor en el suelo:

—¡Pablo, mira ese agujero de allí!

—¡Es un pozo!

—¿Un pozo? —replicó Justino—. Pero

no está oscuro. Y dentro se escucha un ruido muy extraño.

—¿Un ruido?

—Sí, es una especie de graznido.

Y antes de que Pablo pudiera darse cuenta de lo que pasaba, Justino se había lanzado ya por el agujero, en busca de Hermes y de Víctor.

6

Un cuervo enorme graznaba allí de-bajo.

Aterrados, Hermes y Víctor trataban de buscar refugio en algún rincón. Pero, ¡cosa extraña¡, no había ningún lugar donde esconderse: Hermes, Víctor y el cuervo parecían vagar por una espesa niebla de color azul. Ni rastro de cueva, era como si flotasen en medio del firma-mento. Justino se internó entre la niebla e intentó atraer la atención del cuervo:

—¡Eh, Almohadón de Plumas! —le gritó.

El cuervo, furioso, se volvió brusca-mente hacia Justino, dejando a un lado a Hermes y a Víctor.

—¡Trozo de Carbón Volador, Pico de Hojalata!

El cuervo pareció enfurecerse aún más con estos insultos. Graznando violentamente, se arrojó sobre Justino con las alas abiertas. Pero el ratón esquivó la arremetida y giró a toda prisa, colocándose justo detrás de la cola del ave y mordisqueando sus plumas, mientras gritaba:

—¡Vejiga de Alquitrán, Garabato de Betún!

Con esto la rabia del cuervo llegó a su límite. Alejó su cola del alcance de Justino y voló hacia arriba, donde describió una serie de círculos cada vez más estrechos para adquirir así mayor impulso. Luego se lanzó en picado sobre la tierna carne del ratón. Éste no tenía ningún lugar donde cobijarse, por lo que creyó llegada al fin su última hora: vio cómo el pico del cuervo se hacía cada vez más grande, cada vez más grande, mientras un zumbido terrible le paralizaba las patas y le impedía deslizarse hacia otro si-

tio. Entonces alguien le empujó, cayó al suelo y pudo ver por un instante las afiladas uñas del cuervo, que pasaban a su lado igual que cuchillos.

—¡Eh, tú, muévete! —le dijo Víctor.

Pero Justino se sentía demasiado aturdido para poder reaccionar. Mientras tanto, el cuervo se había elevado de nuevo en el aire y caía una vez más sobre ellos a toda velocidad.

—¡Muévete de una vez! —gritó Víctor.

Al fin Justino logró levantarse, pero ya era demasiado tarde: el pico del cuervo se había vuelto tan grande como una montaña, sintió su arremetida contra el pecho y perdió el conocimiento.

Cuando abrió los ojos y notó de nuevo sobre su cuerpo la espesa niebla azul, no supo lo que había pasado.

—¡Ya despierta! —advirtió Idolina.

Al incorporarse, se llevó un susto tremendo. ¡El cuervo estaba tendido a su lado! Como todos sonreían, adivinó que ya no corrían peligro, aunque aún no sabía por qué. Dio una vuelta alrededor del ave y se fijó en su pico, que estaba tan arrugado como un acordeón.

—¿Qué ha pasado?

Entonces Pablo se acercó entre la niebla y dijo:

—Nada grave. En realidad, aquí dentro *nunca* puede suceder nada grave, aunque a veces se nos olvida.

—¿Dentro de *dónde*? —preguntó Justino.

—De la enciclopedia —respondió Pablo mientras trazaba un círculo con sus brazos—; Víctor rasgó sin darse cuenta la palabra **Cueva,** y cayó junto a su madre al otro lado de la página, precisamente sobre la palabra **Cuervo.** Este cuervo es de papel, como todo lo que hay aquí, y por eso se le dobló el pico cuando chocó contra ti, que eres un ratón de carne y hueso. ¡Y muy valiente, por lo que me han contado!

Justino se ruborizó.

—¿Y la niebla azul? —preguntó.

—Es el cielo que aparece en la fotografía de la enciclopedia, donde aletea el cuervo. Tampoco es de verdad.

Justino trató de apresar girones de niebla, pero se encontró con finas tiras de papel entre las uñas.

—¡Pues vaya! —exclamó confundido.

Y todos se rieron. Era su manera de dar la bienvenida a Justino, el ratón de campo que había confundido un cuervo de papel con un cuervo verdadero.

7

Aquel invierno fue especialmente duro. Por las noches caían fortísimas heladas, que lo dejaban todo blanco y acartonado. Los árboles, con las ramas desnudas, se estremecían bajo el rudo abrazo del viento. Hierbas y flores silvestres yacían quemadas por el frío. Los animales deambulaban de un lado para otro, aturdidos y sin poder calentarse.

Pero dentro del *Palacio de Papel* todo era diferente. Durante varias semanas Justino disfrutó, al resguardo del invierno, de un mundo fascinante que hasta entonces le había sido desconocido. La habitación era pequeña, es cierto, pero dentro de ella se abrían pasadizos ocultos capaces de conducirle a cualquier sitio. Le atraían de un modo especial los gruesos tomos de la enciclopedia, y dentro de ésta, todas aquellas palabras que hacían referencia a países exóticos y a tierras lejanas.

Siempre en compañía de Víctor e Idolina, entraban por un punto cualquiera de la enciclopedia y no dejaban de caminar hasta que llegaban por fin a algún lugar maravilloso: una selva de frondosa y salvaje vegetación, donde gruesas serpientes se enroscaban sobre troncos de árboles desconocidos; vastos desiertos de arenas amarillas, interrumpidas tan sólo por la sombra verde y minúscula de un oasis a lo lejos; bellos paisajes de montaña, con empinadas laderas por las que pastaban a su antojo blancos rebaños de ovejas... y también islas, y mares tempestuosos o en calma, y dulces praderas, y bosques dorados, y extensas sabanas donde el último sol de la tarde parecía haber quedado atrapado para siempre entre las ramas retorcidas de un baobab.

Lo malo de estos paisajes tan terribles o tan hermosos es que eran únicamente de

papel. Todos olían igual: a papel. Al tocarlos, por muy distintos que fuesen entre sí, su tacto era idéntico: el del papel. Hasta el tronar de las olas o el rugido del león sonaban de la misma forma: como un pliego de papel cuando se arruga. Ahora se daba cuenta Justino de por qué el graznido del cuervo le había resultado tan extraño aquella vez, y por qué sus pasos dentro de la cueva no habían despertado ningún eco a su alrededor.

Cuando comprendía que todas esas maravillas eran sólo de papel, añoraba la presencia de su antiguo hogar, situado en ese paraje conocido con el nombre de *El Maizal Amarillo*. Un lugar donde la hierba olía a hierba, donde el maíz sabía a maíz, donde el tacto fresco del agua jamás podría confundirse con las dentelladas del zorro, capaz de hacer trizas a un pobre ratón de campo con sus colmillos verdaderos.

Aquí lo único verdadero parecían ser los ojos de Idolina, cuando le miraban a veces entre los libros con sus pupilas atentas y expresivas.

8

—Hoy no puedo acompañaros —anunció Víctor. Parecía muy nervioso—. Al
fin empiezo las clases de alemán.

—¿Alemán?

—¡Sí, es el tercer idioma que estudio!
Creo que está lleno de consonantes, seguro que me encantará.

—¿Y para qué quieres conocer tantos
idiomas? —preguntó Justino—. ¿No te
basta con el tuyo?

—*Disfruto* aprendiendo idiomas —repuso Víctor—. Cada idioma es como un
mecanismo que por fuera parece compli-
cado, pero que luego, al abrirlo y exami-
nar por dentro cada una de sus piezas,
resulta tan simple como el de un reloj.

¡Cómo me gustan estos relojes! *¡Auf Wiedersehen*, chicos!

Y se perdió entre los libros.

Justino no entendía cómo Víctor podía pasarse horas y horas encerrado allí, entre montones de palabras extrañas, cuando disponía ya a su alcance de todas las necesarias para poder vivir cómodamente. ¿Qué pensarían de alguien como él en *el Maizal Amarillo*? En ese momento sintió deseos de correr. Tomó a Idolina de la mano y le preguntó:

—¿Te apetece viajar a Escocia? ¡Tengo ganas de ver acantilados! ¡Olas enormes rompiendo contra las rocas!

A los pocos minutos ya se encontraban allí. Y el espectáculo era, de veras, espléndido. Con mucha cautela, Justino e Idolina asomaron sus cabecitas por el borde del acantilado: abajo las espumas se perseguían entre las rocas como perros juguetones. El cielo, de un color gris plomizo, se reflejaba sobre el mar revuelto, arrancándole de trecho en trecho algún reflejo parduzco.

Todo era magnífico, sí... sólo que todo era de papel. Estaban dentro de una enciclopedia. El sonido de las olas no era verdadero; la línea del horizonte podía tocarse con la punta de los dedos, si uno alargaba la mano lo suficiente; la lluvia que caía sobre sus cabezas no les mojaba. La melancolía comenzó a llenar de nuevo el corazón de Justino.

—Vayamos a la otra fotografía —propuso Idolina cuando comprendió lo que sentía su amigo.

La otra fotografía era una verde pradera atravesada por un sendero, al término del cual se alzaban los torreones de un castillo muy antiguo. Flores silvestres abrían sus capullos a uno y otro lado. Algunas vacas salpicaban el paisaje. El cielo azul resplandecía por todas partes.

Pero ninguna de estas cosas alegraba el corazón de Justino. Las piedras del sendero no crujían bajo sus pies; los mugidos de las vacas eran mudas serpentinas, que caían sobre la hierba sin hacer ningún ruido.

—No puedo más —dijo—; creo que prefiero el frío del invierno a este paisaje tan bonito, pero que no huele a nada.

Idolina bajó los ojos al suelo, en silencio.

—El caso es que desearía que tú me acompañases —prosiguió Justino—; daría cualquier cosa porque vinieras conmigo. Tus manos no son de papel —dijo mientras se las estrechaba— y creo que te amo. Pero no podría pasarme toda la vida así, oliendo a papel, tocando papel, comiendo papel.

—No puedo —respondió Idolina—; yo tampoco podría vivir ahí fuera. No soportaría la lluvia, ni el hambre, ni el miedo a las alimañas. El papel es para mí la vida, todo lo que yo soy me lo han dado los libros. Prefiero estudiar lo que es el frío antes que sentir sobre mi carne sus picaduras.

Salieron al fin de la enciclopedia y pasearon un rato por las polvorientas estanterías. Con el paso de los días Justino había dejado de oler de aquel modo extraño y salvaje. Pero su corazón seguía perteneciendo al mundo de fuera; un mundo donde las cosas estaban al alcance de la mano, y no encerradas entre gruesos barrotes de palabras.

—Supongo que tendré que irme pronto, cuando pasen las últimas lluvias —dijo Justino.

—Yo siempre estaré aquí —respondió Idolina.

Y se miraron el uno al otro con tristeza y, al mismo tiempo, con alegría. De un modo que ninguna definición de la enciclopedia podría nunca atrapar.

9

Cada dos o tres meses se celebraba una fiesta en el *Palacio de Papel*. El centro de la fiesta, la diversión principal, era el concierto de piano. Los ratones se sentían muy nerviosos esa noche porque, por vez primera, iban a contar con un espectador: Justino, que se había recostado sobre la cubierta de un viejo atlas y aguardaba cómodamente el comienzo del espectáculo.

Encima del piano, Pablo dirigía a los concertistas. Cada ratón tenía asignadas tres teclas. Conforme avanzaba la melodía, Pablo les iba señalando mientras sacaba uno, dos o tres dedos, de modo que cada uno de los ratones sabía en cada

momento la tecla que tenía que pisar. En medio de aquella danza, la música fluía armoniosamente desde el corazón del piano, bañando con sus notas todo aquello que tocaba.

Era algo hermoso, tanto que incluso por un momento hizo dudar a Justino de la decisión que había tomado, y que pensaba comunicar a sus amigos al término del concierto. Sin embargo, cuando el sonido de la última nota cesó, y vino de nuevo el silencio, y el olor a papel se hizo

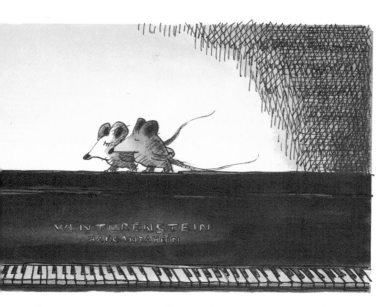

dueño otra vez de todo, Justino se levantó del atlas y anunció que al día siguiente regresaría al *Maizal Amarillo*.

Todos, menos Idolina, expresaron su asombro. Idolina ya lo sabía, y callaba en un rincón.

—¿Por qué te vas? —le preguntaban.

Justino no podía explicar las auténticas razones de su marcha, pues temía ofender a sus amigos. No quería decirles que se asfixiaba en medio de aquel mundo de cartón y papel. Que necesitaba hierba de verdad, agua de verdad, alimentos verdaderos. También necesitaba a su alrededor ratones auténticos. Ratones que sufrieran con el frío, la lluvia o el hambre; ratones que no supieran matemáticas, pero sí la alegría que proporciona el sabor picante del queso sobre la lengua, después de un largo y forzoso ayuno.

Todo esto no pudo decirlo Justino. Se despidió de todos menos de Idolina, que se quedó con él cuando los demás se habían retirado ya para acostarse. Pasearon un rato a solas por el borde del piano, sin apenas hablar.

—Es extraño —dijo Idolina—; me he pasado toda la vida leyendo o pronunciando palabras. Hasta ahora no me había dado cuenta de que también con el silencio se pueden decir cosas.

Justino tropezó en ese momento y cayó sobre una de las teclas: la del MI bemol.

—¿Cuáles son tus tres teclas? —preguntó entonces.

—Éstas —respondió Idolina; y las fue pisando una tras otra—: FA SOL LA.

—Creo que son las más bonitas de todas —dijo Justino con tristeza.

—¡Todas son igual de hermosas! —dijo Idolina riéndose.

Y se puso a danzar sobre ellas. Una cancioncilla simple pero encantadora comenzó a brotar bajo sus pies, mientras éstos se deslizaban graciosamente de un lado para otro.

—¡Dame la mano y muévete donde yo te diga! —le dijo a Justino.

Justino siguió las indicaciones de Idolina, y durante el resto de la noche sacaron entre los dos bellas melodías al viejo piano. Apenas hablaron. El tiempo se les fue así, danzando sobre las teclas, dejándose arrastrar por el manantial de la música. Sonaron canciones tristes y alegres, graves y festivas, grandiosas y disparatadas.

Pero todas eran canciones que nacían de los dos, canciones que reflejaban en cada una de sus notas un sentimiento verdadero.

10

Después de la marcha de Justino, la vida en el *Palacio de Papel* continuó su curso.

Pablo se sumergió una vez más entre sus libros favoritos, los de Matemáticas. Prefería estos libros porque nada decían del mundo de fuera: ese mundo defectuoso y apepinado en el que no existen círculos perfectos. Rosendo leía libros de Historia, donde presenciaba, entre incendios y batallas, cómo los antiguos reinos se derrumbaban para dejar paso a otros nuevos, los cuales terminaban también por caer, pasados algunos años. Víctor estudiaba Alemán, destripando con una sonrisa ese reloj inmenso que es un idioma, y entre cuyas piezas se esconde una manera distinta de ver el mundo y todas las cosas. Hermes leía multitud de novelas, en las que su fantasía hallaba un alimento maravilloso.

Sólo ante Idolina el curso normal de la vida se había detenido. Es cierto que leía como antes, pero ahora sentía algo que antes no sentía, y ese algo comenzó a cambiar su vida: poco a poco, al principio; más rápido, luego; al final, como un torrente. ¿Qué había ahora en los libros que antes no había? ¿O era en ella donde estaba surgiendo algo diferente? ¿Por qué de pronto ese deseo de apartarse de los libros y correr hacia la ventana, y mirar a través de la rendija del postigo roto los pétalos nuevos del manzano?

Era primavera, y todo se había llenado de flores.

A veces Idolina creía adivinar cuál era la razón de que un pétalo le hiciera desviar la mirada de los libros. ¡Un pétalo, cuando antes no habría dejado de leer ni aunque un jardín entero hubiese brotado a su alrededor! Pero no era en realidad un pétalo, ni una mariposa, ni la forzuda gota de rocío que poco antes del amanecer dobla la espalda del jaramago. Idolina sabía que todas estas cosas la llamaban ahora (y no antes) porque era *otro* ser quien hablaba a través de ellas. Al principio le costó trabajo descubrir a

quién pertenecía en realidad esa voz, ya que aparecía disfrazada con mil trajes diferentes; pero luego la fue reconociendo en todo lo que veía al otro lado de la ventana, en todo lo que olía a través de la rendija del postigo roto, en todo lo que le llegaba procedente del mundo de fuera.

Sí, era la voz de Justino. Era su voz in-confundible, que de mil maneras distin-tas la estaba llamando desde los lejanos confines del *Maizal Amarillo*.

11

Idolina era Idolina, pero no era Idolina. Idolina leía, pero no era ella quien leía cuando leía. Nadie había notado que Idolina no era la misma. La propia Idolina tardó en darse cuenta de que algo en su interior había cambiado, de que ella ya no era ella, aunque seguía siéndolo de alguna extraña forma. Qué raro que al cambiar uno por dentro no cambie también por fuera: así todo sería mucho más fácil.

Idolina era Idolina por fuera, pero por dentro ¿quién era?

Víctor veía en ella a la antigua Idolina, y la trataba igual que siempre:

—¿Vienes conmigo a la enciclopedia?

He encontrado allí una palabra nueva: **Atlántida**. Un país maravilloso.

Pero Idolina estaba distraída. Qué difícil seguir hablando como antes cuando uno va camino de convertirse en alguien muy diferente.

—¿Atlántida? —respondió al fin con voz temblorosa—. No, creo que no me apetece; ve tú solo, mejor.

—¿Que no te apetece?

Víctor no comprendía que a su hermana no le apeteciera ir con él a la Atlántida. Ni tampoco Hermes, ni Pablo, ni Rosendo. Nadie comprendía a esta nueva Idolina. A menudo, ni ella misma se comprendía. La crisálida dentro del capullo, ni gusano ya ni aún mariposa, ¿sabe algo de lo que le está pasando? ¿Comprende algo allí dentro? Pero las crisálidas permanecen ocultas en el capullo, y sufren a solas su maravillosa transformación. Idolina, sin embargo, tenía que escuchar los reproches de quienes la rodeaban:

—¿Por qué no comes? —le apremiaba Hermes.

—¿Por qué no lees? —le censuraba Víctor.

—¿Por qué no estudias? —le amonestaba Pablo.

Rosendo no preguntaba nada, pero le miraba con ojos de asombro desde las rancias páginas de su libro de Historia.

Idolina no podía responder a ninguna de estas preguntas. Lo que antes era su mundo, el *Palacio de Papel*, ahora le parecía una cárcel. ¿Cómo había podido pasar toda su vida leyendo y leyendo sin caer en la cuenta de que los libros sólo contienen reflejos, y que las cosas que en ellos se miran permanecen siempre fuera? Sabía, por ejemplo, lo que era el maíz: había estudiado cuidadosamente a qué especie pertenece, conocía el ciclo completo de su desarrollo, la forma de sus hojas, el oscuro trabajo de las raíces, ¡pero nunca había mordido una mazorca! ¡Cómo entendía ahora a Justino cuando decía asfixiarse en medio de tantas palabras! Poco a poco iba creciendo dentro de ella un deseo irresistible: el deseo de escapar de allí. Pero, ¿cómo puede uno huir de sus propios padres y de todo lo que antes se ha sido? ¿Acaso puede saltar uno fuera de su propia sombra?

Idolina quería a todos los miembros de su pequeña familia, y también se sabía querida por ellos. Pero la primavera estaba fuera, llena de alegres colores, de intensos aromas y maravillosos sonidos (una calandria cantaba ahí al lado). Parecía como si el mundo, al igual que ella, se estuviese también transformando. El invierno lo había tenido encerrado en una cárcel parecida a la suya, y ahora los oscuros barrotes de las ramas se cubrían de flores. Y la voz, esa voz tan conocida...: ¡sí, Justino y la primavera la estaban llamando, y ella tenía que acudir a su encuentro! ¡Y no mañana, ni la semana que viene, sino ahora mismo, ahora! Pero, ¿cómo hacerlo sin herir a sus padres?

La primera reacción de Pablo al escuchar su deseo de marcharse fue de asombro:

—Supongo que estarás bromeando.

Pero Idolina no bromeaba.

El asombro dejó paso luego al mal humor:

—¡No quiero ni oír hablar de ese asunto!

Pero cuando Idolina dijo que no volvería a oír hablar del asunto porque pensaba irse de todos modos (la calandria, ¿o era Justino?, hacía en ese momento *tuut-tuut*), el mal humor dejó paso en Pablo a la cólera:

—¡Hija desobediente! ¡Ese ratón de campo te ha trastornado! ¡No debimos de haberle invitado a que pasara el invierno con nosotros! ¡Así nos ha pagado el favor que le hicimos!

Durante todo el rato Hermes había estado llorando.

—¿Por qué no haces caso de lo que te dicen? —gemía.

—Será la primavera —sentenció Rosendo—. Recuerdo que en mi juventud también sentía unos extraños calambres cuando se acercaban estas fechas.

—¿Y quién no los ha sentido? —prosiguió Pablo—. Pero nosotros somos ratones de biblioteca. Nuestro mundo es éste, nada tenemos que hacer en el mundo de fuera. Aquí todo es como debe ser: las rectas son rectas y los círculos son círculos. Afuera nada es lo que parece a primera vista. Todo es allí engaño y mentira. Por no hablar del frío, del hambre, de las alimañas... No sobrevivirías en él ni una hora.

—Es posible —respondió Idolina—; pero de todos modos tengo que salir. Si no salgo, entonces sí que no sobreviviré. Moriré de tristeza antes de que llegue el verano.

—¡Nada de eso! —gritó Pablo. Era la primera vez en su vida que se enfadaba de verdad, y no sabía muy bien lo que estaba haciendo. Agarró a Idolina y la arrastró al interior de la enciclopedia, donde la dejó encerrada en la palabra **Calabozo**.

—¡Te quedarás ahí hasta que cambies de idea!

Pero Idolina no podía cambiar de idea. Dio vueltas por el calabozo al mismo paso apresurado con el que la idea daba vueltas en su cabeza. Pero ni la idea salía de su pensamiento ni ella del calabozo, y eso que intentó forzar la cerradura. Hasta que de pronto recordó que aquel calabozo no era un calabozo verdadero, sino sólo una palabra escrita en la enciclopedia. Habituado a moverse en un mundo de papel, Pablo no se había dado cuenta; tampoco ella, hasta ese momento. Era la primera señal de que realmente no era ya la misma, de que el mundo de los libros no le bastaba. Mordió la hoja de la enciclopedia y en un instante estuvo fuera.

Vio a lo lejos a sus padres, que hablaban entre sí con gesto preocupado. Pero no había tiempo que perder. Se acercó al postigo roto y se escurrió a través de la rendija. El mundo le esperaba al otro lado. El mundo al fin, Justino, la primavera.

12

Y el mundo, por lo pronto, era el pequeño prado que rodeaba al caserón. El mundo era un atardecer rojo, con tres castaños al fondo y el murmullo de un arroyo, que bajaba serpenteando por el otro extremo del prado.

Qué sensaciones más extrañas tuvo Idolina. En cierto modo, acababa de nacer. Al atravesar la ranura del postigo había venido al mundo por vez primera. Pero no como un bebé para quien todo a su alrededor es un revoltijo de formas y colores. Idolina podía nombrar cada una de las cosas que iba viendo, pues las conocía ya a través de los libros; ¡pero qué diferentes ahora! La misma distancia que hay entre una muñeca y una niña, o entre un oso de peluche y un oso verdadero, era la que separaba las cosas que veía Idolina de lo que de ellas había aprendido en los libros. Era como si hubiese vivido toda su vida en una tienda de juguetes, y de pronto alguien hubiera dejado la puerta entornada, y ella hubiese salido.

Idolina avanzó por el prado y se acercó hasta el arroyo. Cada flor llevaba prendido a sus pétalos su propio aroma, cada pájaro su propio canto (la calandria hizo *tu-tu-tuut, tu-tu-tuut*). La hierba olía a hierba, la tierra a tierra; mordió una castaña caída en el suelo y encontró que sabía a algo nuevo, que no podía ser sino el sabor de las castañas. El sonido del arroyo en nada se parecía al de un pliego de papel cuando se arruga. Idolina soltó un grito de júbilo y echó a correr ribera adelante. No sentía miedo, como en un principio se había imaginado, sino una desbordante alegría. Corrió y corrió, mezclándose con todas las cosas. Necesi-

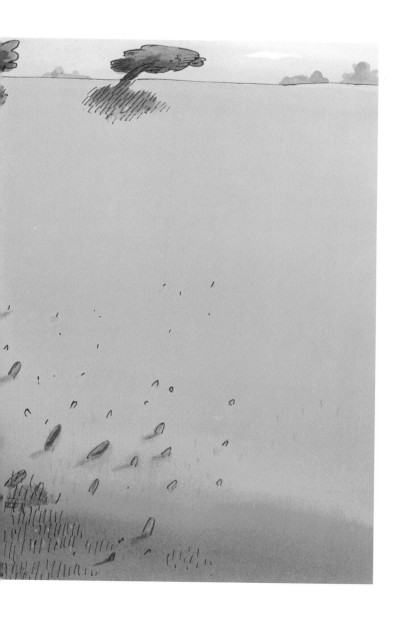

taba tocar y que la tocaran, oler y que la olieran, verlo todo y ser vista por todos. Corrió hasta que el sol se ocultó tras el horizonte y el paisaje empezó a llenarse de tinieblas. Se había hecho de noche, e Idolina supo por vez primera que ya no estaba en casa.

¡En casa...¡ Hasta ese momento no había pensado ni una sola vez en ella. Y, sin embargo, ahora que era de noche y un aire frío se abría paso entre los juncos, ahora que los rumores del bosque cercano resonaban misteriosos y la luna no alumbraba lo suficiente, justo ahora se acordó del *Palacio de Papel*, y de lo cómodo y abrigado que era en noches como ésta. Continuó avanzando, mucho más despacio que antes, hacia el bosque, donde esperaba hallar algún refugio desde el que aguardar la llegada del nuevo día. Se internó en el bosque con paso vacilante, y el bosque se fue abriendo ante ella como un vasto laberinto vegetal. Extrañas sombras la acechaban, ruidos extraños, y un aire cada vez más frío. La vegetación llegó a hacerse tan espesa que la luna no pudo atravesarla, y se hizo una oscuridad completa. Justo entonces oyó un ruido de pasos que la seguían.

El miedo, el temido miedo al mundo de fuera, por vez primera se presentó ante Idolina, que quedó paralizada. No veía más allá de la punta de su nariz, pero sabía que *alguien* se acercaba hacia ella con sigilo. ¡Y ahora no estaba en el **Bosque** de la enciclopedia, en un inofensivo bosque de palabras, sino en un bosque verdadero, con gruesas raíces verdaderas que sobresalían de la tierra y dificultaban su huida, con tinieblas verdaderas que no podían rasgarse con las uñas, con aullidos verdaderos y arbustos espinosos que pinchaban de verdad! Poco a poco pudo moverse de nuevo y se deslizó en la dirección contraria a aquélla de donde procedían los pasos. A medida que sus ojos se habituaban a la oscuridad (¡pero qué distinta esta oscuridad a la del *Palacio de Papel*!), su paso se hacía más ágil, pero también el de aquél o aquello que la perseguía. Idolina no se atrevía a volver la cabeza. Sin embargo, su enemigo debía de estar mucho más cerca porque ahora no sólo escuchaba el crujido de las ramas al romperse sino también una especie de respiración feroz, un gruñido entrecortado.

De pronto tropezó contra un helecho, cayó al suelo y pensó que todo había terminado. Tendida boca arriba, cerró los párpados y aguardó la llegada de la muerte, aun cuando ni siquiera conocía la cara de su enemigo. Pero la muerte no llegó aún: el gruñido había dejado de escucharse, aunque la respiración seguía sonando ahí al lado. Abrió los ojos y vio entonces algo que le llenó de esperanza: la luz de la luna iluminaba el borde de una hoja del helecho. ¡La luz de la luna! Miró hacia la izquierda y comprobó que la luna había construido allí una especie de fortaleza: era un claro en el bosque. Se levantó, corrió hacia la luz, y antes de que la sombra de su enemigo también se iluminara topó con el tronco hueco de un árbol y se metió allí dentro.

13

Tan sólo unas horas antes había salido al mundo por una rendija y ahora, aterrorizada, escapaba de él por otra. Los latidos de su corazón le retumbaban dentro del pecho. ¡Si hasta había llegado a sentir sobre el cuello el aliento de su perseguidor, frío como una cuchilla!

La temperatura del tronco hueco era, sin embargo, tan cálida como la del *Palacio de Papel*. Un lecho de musgo le servía de alfombra. Allí recostada, pensó si no se habría equivocado, si no tuvo razón su padre al prohibirle salir de casa. Luego, cuando su corazón se apaciguó, trató de escuchar lo que sucedía afuera: los pasos de su enemigo se alejaban lentamente, la temida respiración había dejado de sonar. ¿No estaría ahora mucho mejor en el *Palacio*, rodeada de su familia y arropada por todas sus viejas costumbres? ¿Acaso tenía ella algo que hacer en medio de aquel bosque?

Fatigada por estos pensamientos no menos que por la reciente carrera, Idolina miró hacia arriba. No todo en el interior del tronco era oscuridad. A través de innumerables brechas y agujeros penetraba la luz de la luna, formando con sus rayos una especie de escala de pálidos peldaños. Subió por el interior del tronco y llegó hasta la copa del árbol, donde se detuvo a observar el claro del bosque. Qué espectáculo más fabuloso un claro del bosque a la luz de la luna. Qué mezcla de negros, blancos y grises. De pronto dos globos de color naranja se abrieron a su lado. Eran dos ojos que la observaban con atención. Alrededor de los globos, un ave. Idolina rebuscó en su memoria y encontró una palabra: **Lechuza.** Aquello era, pues, una lechuza.

—Buenas noches —dijo con timidez. Pero la lechuza no respondió a su saludo.

—¿Vive usted aquí?

La lechuza persistía en su silencio.

—Qué bonito este claro del bosque —insistió Idolina.

¿Estaría aquel ave disecada? Pero no. Muy lentamente sus garras se iban deslizando a lo largo de la rama, cada vez un poco más cerca de Idolina.

—¿Es cierto que no duermen ustedes por las noches?

Idolina repasaba mentalmente todo lo que había estudiado sobre las lechuzas, buscando un tema de conversación que resultara grato a su acompañante. Pero nada de lo que decía despertaba su interés. Sus ojos parecían cansados, como si estuviesen cargados de sueño, aunque las garras, allí abajo, seguían avanzando milímetro a milímetro.

—Es usted, sin duda, un ave rapaz —dijo Idolina sin saber ya lo que decir.

Y en ese momento comprendió. O, más bien, *recordó*. Se acordó de que las

aves rapaces se alimentan de pequeños roedores. ¡Y ella era, precisamente, un pequeño roedor! Todavía tenía que dar estos largos rodeos a través de lo que había estudiado en los libros para comprender qué es lo que pasaba en el mundo de fuera. Pero en el mundo de fuera las cosas suceden de un modo mucho más rápido, y la lechuza, con las alas desplegadas y el pico abierto, se había lanzado ya sobre ella.

Afortunadamente sintió en ese momento un fuerte tirón en la cola y, sin darse cuenta de lo que pasaba, rodó por el interior del tronco hasta caer sobre el lecho de musgo.

—¿Estás loca? —le gritó con voz irritada una ardilla

«**Ardilla**» pensó Idolina, recordando una vez más su enciclopedia.

—¿No veías cómo se iba acercando la lechuza? Si no tiro de ti, estarías ahora mismo dentro de su barriga.

—No me di cuenta —intentó explicar Idolina.

—¿Que no te diste cuenta? —preguntó, incrédula, la ardilla.

Mientras hablaba, Idolina trataba de recordar cuál era la dieta de las ardillas. Cuando al fin lo consiguió, se tranquilizó bastante, e incluso dejó escapar un sonoro bostezo, pues después de tantas emociones se sentía realmente cansada.

—No estoy acostumbrada a ver lechuzas, ¿sabes?

—¿Que no estás acostumbrada? —preguntó la ardilla mientras soltaba también ella un bostezo descomunal.

—No, ni tampoco ardillas. Es que pertenezco a una familia de ratones de biblioteca.

—¿Ratones de qué...? —pero el «qué» se le hundió a la ardilla en medio de otro bostezo.

—Verás... —bostezó Idolina.

Y así, entre frases entrecortadas por bostezos y bostezos salpicados por frases, Idolina terminó de contar su historia. Hablaron las dos y bostezaron muchas veces, hasta que al final se quedaron dormidas.

14

A la mañana siguiente, poco antes de despertar, soñó con Justino. Fue un sueño corto pero muy agradable, y tan intenso que, ya despierta, seguía viendo su imagen tras los párpados con la misma claridad que si estuviese junto a ella dentro del árbol. Abrió al fin los ojos: los rayos de sol que entraban por las rendijas formaban ahora una escala de peldaños dorados. Se volvió para hablar con la ardilla, pero ya no estaba. ¿Dónde se habría metido?

Entonces se acordó de la lechuza, y de la sombra que la noche anterior le había seguido hasta el tronco, *y sintió* miedo. ¡Miedo! Ya se había familiarizado con esa terrible palabra, y con todos los horrores que arrastra consigo. Pero ahora, tras aquel sueño tan agradable, conocía el modo de acabar con ellos: volvió a traer a su memoria la imagen de Justino y el miedo desapareció. ¿Miedo? El mundo era un ancho espacio en uno de cuyos extremos se hallaba ella y en el otro Justino. Debía salir afuera cuanto antes y acortar ese espacio. ¡Tenía que encontrar el *Maizal Amarillo*!

Salió afuera. A la luz del día el claro del bosque era muy distinto a como se mostraba de noche. Los grises habían dejado paso a una gran variedad de verdes que enlazaban sus hebras sobre los troncos, formando un espeso edredón; sólo de vez en cuando la puntada falsa de algún fruto salpicaba el verde con un poco de rojo. Idolina echó a andar. Atravesó el claro y avanzó por una estrecha senda abierta en la espesura. Anduvo así mucho tiempo, tal vez tres o cuatro horas, sin que el bosque se aclarase. Al fin se tendió sobre la hierba, fatigada, y comió de algunos tallos. En esto estaba cuando escuchó cerca un ruido... no de pasos, sino más bien de algo que se arrastraba. Se refugió entre unas raíces y aguardó allí escondida, mientras el ruido o aquello que lo provocaba se acercaba muy lentamente. Al fin surgió entre los matorrales un enorme caracol. No un **Caracol,** sino un caracol de verdad.

—Al fin encontré el camino —le oyó rezongar—. Siempre me olvido de dónde está. Y, sin embargo, supongo que nunca se moverá de aquí; al menos, *muy* deprisa.

El caracol miró a todas partes, con los cuernecitos totalmente desplegados. Cualquier ruido a su alrededor hacía que éstos se le encogieran, y cuando sonó arriba el chasquido de una rama al troncharse no sólo los cuernecitos, sino todo él se metió rápidamente dentro de su concha. Salió al fin, miró de nuevo hacia afuera con los cuernos en línea recta y echó a andar camino adelante.

Idolina salió también de su refugio y se acercó al caracol, que se ocultó otra vez en el interior de su casita.

—Buenos días —le dijo—. No se asuste de mí, por favor.

Un buen rato tardó el caracol en convencerse de que no tenía por qué sentir miedo de Idolina. A ello contribuyeron, sin duda, las palabras amables de la ratoncita, que al final tuvo incluso que entonarle una conocida canción.

—¿Qué haces aquí? —le preguntó el caracol cuando asomó de nuevo con los cuernos aún arrugados—. No te conozco.

—Verá, estoy buscando un lugar. Tengo allí un amigo.

—¿Qué clase de lugar?

—Aún no lo conozco. Le llaman *El Maizal Amarillo*.

—¿*El Maizal Amarillo*? —repuso el caracol—. Yo sí que lo conozco, pero he de decirte que está muy lejos de aquí.

—¿Muy lejos? —preguntó Idolina palideciendo—; mi amigo dijo que estaba a sólo una jornada de donde yo vivía. Y supongo..., supongo que mi casa no está a mucha distancia de aquí, aunque la verdad es que ahora mismo no estoy segura.

—¿Una jornada? —dijo el caracol muy enojado—. Por lo menos cinco jornadas te separan del *Maizal Amarillo*. A menos que tú seas otra de esas insufribles criaturas de cuatro patas que se pasan el día corriendo de aquí para allá.

—¿Corriendo? ¡Oh, yo no corro! En realidad, nunca he tenido muchas oportunidades de correr, allí donde vivía.

—Me alegro —repuso el caracol—; pues si hay algo que me molesta en el mundo, si hay algo que *de veras* me saca de quicio —y aquí sus cuernecitos se retorcieron de rabia— es la gente con prisa. Nunca podré acostumbrarme a ella.

—Bueno, yo no tengo *tanta* prisa —respondió Idolina sin mencionar en realidad cuánta prisa tenía.

—En ese caso, si quieres, te acompañaré a tu destino.

—¿De veras hará eso por mí?

—Siempre que vayamos a un paso razonable, naturalmente. Ya te he dicho que no soporto las prisas. Cinco jornadas, ni una menos. Cinco jornadas a un ritmo razonable.

—Está bien —admitió Idolina—. Cinco jornadas.

¡Cinco jornadas...! Nunca se le hizo a Idolina el tiempo tan largo. Cinco jornadas... ¡pero podrían haber sido también quince, o veinte, o cincuenta! Desde luego, el caracol no llevaba ninguna prisa.

O tal vez, y eso era lo más probable, es que no podía marchar a más velocidad. Su único pie se encogía y volvía a estirarse con enorme lentitud. Pero cada movimiento suponía sólo uno o dos centímetros arrancados al camino. Eso sin contar los ratos en que, completamente parado, se dedicaba a mordisquear las hojas cercanas, o a criticar airadamente a quienes él llamaba *maniáticos de la velocidad.*

—¡Mira esa liebre! —decía enfadado—. De verdad que no comprendo a dónde va con tanta prisa. A no ser que la persiga alguien —y aquí miró hacia atrás con uno de sus cuernecitos, que se arrugó un poco y volvió luego a enderezarse—. Pero no, estoy seguro de que lo hace simplemente por gusto. ¡Increíble!

Idolina asentía a las palabras del caracol, sin compartirlas, pues era su único guía y además una buena persona. También debía acomodar su paso al paso de su compañero, aun cuando su pensamiento volara hacia el *Maizal* a tal velocidad que ninguna liebre habría podido alcanzarlo. Cuando no criticaba al resto de los animales, el caracol era un conversador estupendo, e Idolina se sentía muy a gusto escuchando todo lo que decía del bosque, de la pradera o de los humedales. Las historias que más le gustaban eran, sin embargo, las referidas al *Maizal Amarillo*, entre cuyos tallos sus pensamientos iban granando como una mazorca más.

Y así, poco a poco, a medida que transcurrían las jornadas (pues, aunque centímetro a centímetro, también los días acababan por dejar paso a las noches), Idolina notaba cada vez más cerca la presencia de Justino. Aquella voz que escuchó por la rendija del postigo se hacía más y más clara. Sentía como si el bosque entero llevase grabado en cada hoja las huellas de su amigo. Como si el bosque fuese Justino, a punto de quitarse el disfraz. Pero dejaron el bosque y Justino aún no había aparecido, y luego un soto de arbustos, y más tarde llegaron a una

pradera. Avanzaron por ella mientras otro bosque de nubes espesas y cada vez más negras se iba formando por encima de ellos.

—Malo —dijo el caracol dirigiendo sus cuernecitos hacia arriba—. Y lo peor es que nos encontramos en medio de una hondonada. Quizás habría que ir un poco más... deprisa.

—¿Más *deprisa?* —repuso Idolina, muy sorprendida.

—Tal vez..., *un poco más* —tartamudeó el caracol.

Pero el bosque de nubes se rompió de golpe y una fuerte lluvia empezó a caer, amenazando con inundar la hondonada.

—¡Corre! —gritó el caracol—. ¡Súbete a aquel roble! ¡No te preocupes por mí, yo me refugio dentro de mi concha!

—Pero... —balbuceó Idolina.

—¡Corre! ¡Olvida lo que dije sobre la prisa y corre!

E Idolina corrió. Cuando llegó al pie del árbol, el agua le llegaba ya por la cintura.

15

Toda esa tarde y luego la noche entera fue una larga lucha contra la lluvia. El agua intentaba arrastrar a Idolina corriente abajo, pero ella se resistía. Al fin dejó de llover, y muy lentamente el cielo se fue aclarando. Amanecía, pero todo estaba en silencio. Idolina se encontraba tan cansada, sentía su cuerpo tan dolorido, que sin poder evitarlo se quedó dormida.

Cuando despertó era pleno día, y entonces se dio cuenta de que estaba en una isla. ¡Una isla! Toda la hondonada había sido cubierta por la lluvia; los matorrales y los árboles más bajos también, tan sólo el solitario roble al que se había encaramado alzaba su copa sobre el nivel del agua. Y allí estaba ella, en ese árbol-isla, y estaba viva, cuando tantas cosas a su alrededor habían desaparecido. Echó una ojeada a las ramas del árbol y comprobó que estaba sola. El silencio que había acompañado al amanecer seguía aún sin romperse.

Idolina hizo recuento de todo lo que había pasado desde que huyó del *Palacio de Papel*. Recordó su entusiasmo de primera hora, junto al arroyo, y el miedo que sintió cuando la noche la atrapó en el bosque y algo desconocido echó a correr tras ella. Recordó su sensación de alivio cuando topó con el árbol hueco, su desconcierto al descubrir los ojos de la lechuza, y su terror cuando vio que las temibles garras se le acercaban. Recordó su alegría al sentir en la cola el tirón de la ardilla, y el cansancio a la mañana siguiente, cuando anduvo durante horas por la espesura, y su sorpresa al encontrar al caracol, y el largo viaje que emprendieron juntos. Y recordó el temor ante la lluvia, y la tristeza al dejar a su amigo en el barro, y la lucha sobre el roble contra el empuje del agua, y ahora la soledad.

Miedo, tristeza, dolor, alegría... no, este mundo de fuera nada tenía que ver con aquel ordenado mundo al que hasta entonces había estado acostumbrada. Pero, visto en conjunto, tampoco era tan malo como su padre se lo pintó. Es cierto que había vivido en él momentos terribles, pero también hubo ocasiones en las que se sintió alegre y esperanzada. A pesar de los muchos peligros en los que se había visto envuelta, siempre encontró un camino para salir adelante. Ella no necesitaba un refugio como su padre, ni tampoco como el caracol, quien ante la menor dificultad se encogía dentro de su concha. La concha de Idolina había sido durante muchos años el *Palacio de Papel*. Se sentía contenta de haberla dejado al fin y de haberse lanzado camino del ancho mundo.

Y, sin embargo, aunque su decisión de seguir adelante era firme, no pudo evitar

que su corazón se llenara de ternura al pensar en el *Palacio* y en sus habitantes. Sus alegres figuras fueron desfilando una tras otra por su memoria con las lineas más claras, con los más cálidos colores. Hermes, Pablo, Víctor, Rosendo... ¿Qué estarían haciendo ahora? ¿Se acordarían de ella? ¿Podrían acaso imaginarse en qué situación se encontraba? La calandria hizo entonces *tuut-tuut*, y fue como una señal para que el silencio al fin se quebrase. Todos los pájaros, mudos por el temor a la inundación, desatascaron sus pulmones y llenaron el aire de música.

Y allí estaba ella, sola, en una isla. Sin embargo, no se sentía ni triste ni desesperada. El recuerdo de Justino le había acompañado durante toda la noche, y seguía acompañándole ahora. Y junto a ese recuerdo, la presencia de la primavera, que se abría paso de nuevo entre las nubes. Idolina estaba sola, pero sabía que pronto, muy pronto, todo a su alrededor volvería a llenarse de caminos: una

red interminable de senderos que podrían conducirle a donde ella quisiera,
tan solo con poner un pie detrás de otro.
Idolina sabía que pronto, muy pronto,
cuando el agua bajara, estaría de nuevo
en tierra. Y que allí Justino, y el mundo
entero, se cerrarían sobre ella como un
abrazo.

Índice

Escribieron y dibujaron...

José Zafra

—*Desde hace varios años, José Zafra se ha dedicado a escribir libros para niños, actividad que compagina con su trabajo habitual. ¿Existe algún dato biográfico suyo que usted quiera destacar?*

—¿Algún dato de interés? Sólo uno, el año de mi nacimiento: 1962. El resto de mi biografía cabe en un párrafo muy pequeño, pero no creo que sea *interesante*. Mi biografía es bastante anodina (soy funcionario), en nada me parezco a Indiana Jones o a alguien por el estilo.

—*¿Qué nos dice de su trayectoria como escritor?*

—Como escritor público es muy breve también, en este caso no llega ni a una línea: En 1995 me dieron el premio Lazarillo por *Historias de Sergio*. Fue mi primer libro para niños, y cuando me comunicaron la noticia del premio tardé unos tres cuartos de hora en convencerme de que no se trataba de una broma.

—*¿Y de su trayectoria como escritor privado?*
—Muy larga. Más o menos desde los 15 años. Desde entonces, la escritura ha sido para mí una especie de complicada armadura. Creo que si de golpe dejara de escribir me desmoronaría.

—*¿Cómo surgió la idea de* El Palacio de Papel?
—Surgió en horizontal. Todas las ideas me sobrevienen en esa postura, sobre la cama, aunque luego las monto en vertical, frente al ordenador. Comprenderéis que ahora que estoy en vertical no recuerde muy bien lo que sucedió cuando estaba en la otra posición. Lo cierto es que el caserón del que hablo existe realmente, y la habitación llena de libros existe realmente, y puede que los ratones también existan de algún otro modo.

—*¿Desea transmitir con este libro algún mensaje?*
—Me parece que no. Creo que la literatura, al contrario que la publicidad, no debe preocuparse mucho del mensaje. A no ser que el mensaje sea: «lee y disfruta», el único mensaje que estaría dispuesto a suscribir.

Emilio Urberuaga

—*Nace en Madrid. Des-*
de hace varios años se
dedica sólo a la ilustra-
ción aunque su afición se
remonta mucho tiempo
atrás. ¿Cómo surgió la
oportunidad de dedicarse a aquello que siempre le ha-
bía gustado?

—A los 14 años comencé a trabajar de «chico» en una empresa donde se vendían cuadros al por mayor, y más tarde trabajé en un banco. Gracias a mi mujer, en 1978 pude despedirme del banco y, como en las mejores biografías de Hollywood, me puse a trabajar como repartidor, vendedor y alguna cosa más, hasta que, por fin, surgió la oportunidad de trabajar como estampador y más tarde como grabador.

—*¿Y cuándo comienza a ilustrar libros infantiles?*
—Mi primer libro infantil lo ilustré cuando trabaja-ba como grabador. Fue cosa de una editora comprensi-

va y un amigo generoso. Desde entonces he ilustrado más libros, algunos de los cuales se han publicado en Suiza, Alemania, Austria, Italia, Finlandia, Japón, Estados Unidos...

—*¿Su trabajo como ilustrador se centra exclusivamente en la literatura infantil?*

—No. También he colaborado en prensa y he ilustrado varios libros de texto, aunque lo que más me gusta es ilustrar literatura para niños. Bueno, también me gusta el jazz, el cine de los años 40 y 50 y perder el tiempo solo, o mejor aún, con mis amigos.

SOPA DE LIBROS

OTROS TÍTULOS PUBLICADOS

A partir de 8 años

Mi primer libro de poemas
J. R. Jiménez, Lorca y Alberti

Un libro de poemas tiene una magia
parecida a los cuentos donde aparecen
varitas de oro que transforman lo que tocan.
Los poemas tienen también secretas palabras
para transformar las cosas.

Los traspiés de Alicia Paf
Gianni Rodari

Alicia Paf no se sorprende si va a parar
a una página llena de ilustraciones y habla
con el Lobo o si cae dentro del tintero o
se mete dentro de una pompa de jabón...
Ella siempre sale airosa de sus
fantásticas aventuras, a pesar de
los muchos traspiés que da.

La sirena en la lata de sardinas
Gudrun Pausewang

¿Se puede encontrar una sirena en una lata de sardinas? ¿Puede una princesa convertirse en un dragón? En este libro encontrarás estas historias y otras aún más fantásticas.

Cuentos para todo el año
Carles Cano

A Clara le encanta visitar a su querida abuela Aurora. Además, Pompeyo, el jardinero, le suele contar unas historias maravillosas, como la de los juguetes que se rebelaron, la del hada que se olvidó de «inaugurar» la primavera, el caso del niño que apagó la luna...

Marina y Caballito de mar
Olga Xirinacs

El mar guarda muchos secretos.
Para dexcubrirlos, basta con sentir la poesía
en una adivinanza, en un guiso de la abuela,
en los juegos de arena, junto a las gaviotas
o la que inspira el caballito de mar, el cangrejo,
la medusa... la barca del pescador
o el barco de vela.

Charly, el ratón cazagatos
Gerd Fuchs

En el País de la Buena Hierba,
la vida transcurriría tranquila si no fuera
por algunos individuos molestos,
como el gato Schultz.
Charly, un simpático ratón, listo y audaz,
se enfrentará a más de un enemigo,
pero obtendrá una sorprendente recompensa.

Alas de mosca para Ángel
Fina Casalderrey

Estrela, una nueva alumna de sexto de primaria, produce ciertas incomodidades debido al cuidado especial que requiere. Pero su reacción ante la noticia de un secuestro demostrará que, por encima de las diferencias de ideas o capacidades, lo más importante es tener un gran corazón.

Clorofila del cielo azul
Bianca Pitzorno

¿Qué sucedería si de pronto nuestra ciudad se convirtiera en una especie de selva maravillosa? Un famoso botánico, miembro de la Asociación de los Enemigos de los Niños, Perros, Gatos y Otros Animales, recibe la visita inesperada de dos supuestos sobrinos suyos y de Clorofila, una pequeña extraterrestre vegetal. Hacer frente a esta situación no será fácil pero merecerá la pena...